AF263185

PROJET

DE

CONSTITUTION MIXTE.

PAR

M. M. A. C. A. SS.

A PARIS,

DE L'IMPRIMERIE DE L. G. MICHAUD,

RUE DES BONS-ENFANTS, N°. 34.

20 MAI 1815.

AVERTISSEMENT.

DEUX mémorables événements ont récemment étonné le monde, et l'étonneront toujours ; c'est la chute inattendue du trône impérial, et son rétablissement encore plus inattendu. Plusieurs causes sans doute y ont contribué; mais la principale, celle à laquelle toutes les autres se rattachent comme à leur source réelle, est le défaut d'une bonne constitution.

Hé quoi, la perte de notre formidable armée en Russie, occasionnée par des gelées extraordinaires, et dans la campagne suivante celle d'une autre armée non moins nombreuse, occasionnée par la défection des alliés; l'inutilité de nos efforts héroïques en 1814, et l'abdication subséquente de l'Empereur ; ensuite, le prompt retour de cet homme extraordinaire ; son triomphe sans exemple et sans coup-férir; l'expulsion volontaire et subite des Bourbons, etc. Tout cela a-t-il quelque rapport avec la constitution ?

Oui sans doute, si la constitution avait donné des droits plus étendus au sénat pour lui faire sentir sa dignité, ses membres auraient eu le courage de parler comme ceux du corps-législatif; et leurs avis salutaires, leurs remontrances respectueuses, ou leur fermeté et leur refus de voter de nouveaux impôts et de nouvelles levées, auraient empêché par une paix nécessaire, le second désastre qui emmena cette abdication ; ou même malgré ce désastre, si les lois avaient été en harmonie avec l'opinion publique, si elles n'avaient pas porté atteinte à l'égalité chère à tant de Français, si les droits réunis et surtout la conscription n'avaient pas exaspéré les esprits ; le peuple se levant partout en masse, aurait présenté assez de résistance pour repousser les alliés ou pour les anéantir devant la capitale. Si ensuite Louis XVIII avait consulté le vœu du peuple, lui avait abandonné la nomination des pairs, eût soumis la charte à son acceptation et ne se fût pas réservé le droit de créer des pairs héréditaires ; s'il n'en avait pas nommé à vie parmi les sénateurs que le public avait réprouvés, leur donnant le privilége insigne de se juger eux-mêmes, et enfin si cette charte n'eût déjà été violée en plusieurs points, ce qui prouvait sa défectuosité ; il est certain que les militaires ne l'auraient point abondonné, ou que du moins les gardes nationales de la Provence, du Dauphiné, etc., auraient repoussé et dispersé, ou enveloppé et pris 7 à 8 cents gardes impériaux, avant leur importante jonction aux troupes de Grenoble ; ou encore qu'après même cette jonction, l'Empereur retardé, arrêté dans sa marche rapide vers Paris, eût donné le temps de lui préparer et opposer des obstacles qui auraient fait échouer son audacieuse entreprise.

Ainsi voilà deux nouveaux et frappants exemples, qui prouvent que la stabilité du pouvoir suprême dans les mêmes mains, et du bonheur public dans un empire, tient aux bonnes ou mauvaises dispositions des lois constitutionnelles. Il en arrivera de semblables toutes les fois qu'une constitution n'étant pas au gré d'un peuple, une circonstance majeure lui fournira l'occasion de s'en délivrer et d'abattre l'autorité qui s'en sert.

Or, comme il est rare que ces grands événements aient lieu sans de grandes secousses, et sans de grandes calamités publiques, le premier intérêt d'une nation et de son souverain est d'avoir une bonne constitution qui soit au gré de la majorité ; et vu que l'acte additionnel de cette année 1815, ne nous paraît pas

(5)

tel, vu l'annonce officielle qu'on pourrait y faire des change-
ments et additions; vu que nous sommes tous intéréssés à avoir
enfin une bonne constitution, et que chacun est libre d'exprimer
sa pensée, en ce qui ne porte aucun préjudice ni au public, ni
aux particuliers, nous avons cru qu'il était du devoir d'un bon
citoyen de rédiger et de faire connaître ses vues sur cet objet.

Néanmoins, nous avons jugé convenable d'en différer la
publication jusqu'à ce jour (20 mai, 1815), afin qu'on ne
nous attribuât pas l'intention de vouloir influencer l'opinion
publique sur l'acte offert à son adoption. Nous nous dispensons
même d'en faire la critique, bien que le champ soit assez vaste
et que notre sujet nous y menât naturellement, par respect
pour l'autorité qui l'a proposé au peuple.

Quoique tous les principes consacrés par notre constitution
mixte nous semblent bons, nous n'avons pas la présomption
de croire que nous ne puissions nous être trompés. En tout
cas, nous serons excusables par l'esprit d'ordre, l'amour de la
patrie et le bien-être de nos concitoyens que nous avons toujours
pris pour guides.

Nous sommes même assurés d'avance qu'ils ne plairont pas
à tout le monde : cela est impossible. En assurant les droits de
la majorité, ils doivent nuire aux priviléges de quelques
individus. Mais ceux-ci en ont fait ou dû faire depuis long-temps
le sacrifice indispensable. Ils trouveront d'ailleurs un ample dé-
dommagement de voir les plébéiens devenir leurs égaux, dans
la satisfaction de l'être en revanche des patriciens les plus dis-
tingués, et de pouvoir aspirer suivant leurs talents, aux places
éminentes exclusivement réservées à ces derniers.

Nous estimons aussi qu'on y trouvera des innovations har-
dies principalement sur la noblesse. Mais elles sont adaptées et
conformes au temps présent, à la dignité de la nation, à celle

de ses représentants; et si l'on y réfléchit bien, on les jugera nécessaires.

Quels que soient au reste les défauts qu'on découvrira dans ce petit ouvrage, nous avons été encouragés à le mettre au jour, par l'idée que si, notre exemple étant suivi ou précédé par d'autres, on trouve dans l'ensemble quelques idées plus saines que dans l'ouvrage de la commission et dans les précédents, le monarque désirant que son peuple soit heureux, et il ne peut l'être qu'avec une loi fondamentale qui plaise au plus grand nombre, prendra peut-être la louable résolution d'ordonner, dans le cas où l'acte additionnel n'aurait pas obtenu l'assentiment général, qu'on fasse un recueil bien concordant des meilleures vues publiées là-dessus, et qu'on présente ce nouvel acte à l'acceptation, avec l'avis qu'il proclamera définitivement celui qui aura obtenu le plus de suffrages. Cette attention bienveillante du souverain ne pourrait qu'être agréable au peuple, qui y verrait avec reconnaissance une nouvelle preuve de sa sollicitude pour faire son bonheur.

PROJET

DE

CONSTITUTION FRANÇAISE MIXTE.

1er. La Constitution et toutes les lois en France découlent essentiellement des droits et principes suivants :

§. Ier. *Droits de l'homme en société.*

2. Ils sont fondés sur la nature, et comme tels imprescriptibles.

3. Tous les Français sont égaux devant la loi.

4. Aucun ne peut être distrait de ses juges ordinaires et compétents.

5. Nul n'est plus imposé qu'un autre, en proportion de sa fortune.

6. Ils sont tous, sans aucune exception, administrés et jugés de la même manière (*a*).

7. Tous sont également admissibles aux mêmes places, honneurs et récompenses, suivant leur conduite, leurs lumières et leurs talents.

8. La demeure de chacun est un asyle inviolable pendant la nuit.

9. Pendant le jour l'autorité légale y peut seule pénétrer de force.

10. Nul ne doit être privé de sa liberté qu'en vertu de la loi.

11. L'arbitraire dans ce cas, et toutes rigueurs inutiles dans une arrestation, sont sévèrement punis.

12. Toute propriété, meuble et immeuble, est sacrée, sauf les cas déterminés par les lois.

Toute vente et acquisition faite légalement est irrévocable (celles des biens nationaux sont comprises dans cet article).

(*a*) Les trois articles 5, 6 et 7, expriment les droits d'égalité que le peuple a conquis par vingt-cinq ans de sacrifices et de malheurs. Plus ces droits lui ont coûté, plus ils lui sont chers ; il serait donc impolitique et très imprudent de vouloir l'en priver après qu'il en a goûté les avantages, et qu'il s'y est accoutumé ; car on le forcerait à les reconquérir un jour. J'en dis autant de tous les autres.

13. Chaque citoyen reste libre d'exprimer et de publier sa pensée.

Il est responsable des abus, *devant des jurés*, dans les cas et de la manière indiqués par la loi.

14. Le droit de pétition individuelle est pour toujours maintenu. Une loi en détermine l'usage, et empêche qu'il soit illusoire.

§. II. *Principes de société.*

15. Le peuple français forme une indissoluble société de frères, tous unis pour la conservation perpétuelle de ces droits sur lesquels repose sa liberté.

Quiconque les attaque au dedans et au dehors est son ennemi.

16. Il tolère l'exercice de tous les cultes, mais déclare le catholique dominant, comme étant le plus général (*voy.* la note *b*, page 14).

17. Les cérémonies des cultes au dehors des temples ne sont permises qu'à celui qui domine dans un lieu.

Elles sont interdites dans les lieux où il y a incertitude à cet égard (loi précise sur cet objet).

18. La mendicité reste prohibée. Un comité de bienfaisance établi dans chaque ville, ou au moins dans chaque chef-lieu de préfecture et sous-préfecture, donne des secours aux pauvres qui ne peuvent pas gagner leur vie.

19. Il soutient les procès justes pour les malheureux qui n'ont pas les moyens de plaider, et le prouvent par une attestation du corps municipal de leur commune. Dans ce cas, la justice et l'humanité font une obligation au procureur ou substitut impérial et au président du tribunal d'éclairer la conscience des juges, quand la défense de l'avocat ne leur paraît pas suffisante.

20. L'hospitalité est un devoir pour tout le monde : chacun le remplit suivant ses facultés (loi à ce sujet).

21. Tous les Français, dans un danger, se doivent et se prêtent un mutuel secours.

Un citoyen attaqué par un ou plusieurs autres, et tous individus dans un péril quelconque, sont de suite assistés par ceux qui le voient.

22. Tout Français qui n'aurait pas rempli ce devoir, le pouvant, serait indigne de ce nom et privé pour dix ans, la première fois, du

droit de voter dans les assemblées primaires ; la seconde, de tous les droits de citoyen.

23. Tous les arts, tous les métiers, tous les commerces honnêtes sont permis. Chacun exerce librement celui qui lui convient, en observant les lois qui le concernent.

24. Le peuple consent les impôts par l'organe de ses députés (a).

25. Il se donne des lois de la même manière.

26. Il nomme lui-même ses juges ordinaires civils et criminels.

Le commerce nomme les siens.

Le souverain les commissionne.

27. Tous les juges sont inamovibles, sauf les cas marqués par les lois pour crime et forfaiture.

28. En matière criminelle, ils sont assistés d'un jury d'accusation et d'un jury de jugement, où se trouvent deux individus du même état que l'accusé.

29. La vénalité et l'hérédité (b) des places ou emplois sont interdites, excepté pour les huissiers, procureurs et notaires.

30. Toute voie de fait et rixe en public est prohibée chez un peuple de frères. Les combattants sont séparés, et si l'un d'eux recommence l'attaque, il est conduit à la police municipale.

31. Les droits féodaux et tout asservissement personnel restent supprimés, comme déshonorants pour l'espèce humaine.

32. La noblesse féodale reste abolie pour la même raison.

33. A sa place est établie une nouvelle noblesse à vie (c), ou con-

---

(a) C'est un principe consacré par les premières constitutions ; il faut donc que les membres des deux corps qui font les lois soient nommés par le peuple.

(b) L'hérédité des pairs, et le droit qu'ils ont de se juger eux-mêmes sont presque les articles qui déplaisent le plus dans l'acte additionnel, parce que, 1°. souvent un sot héritant d'un homme d'esprit, deviendra législateur ; 2°. souvent aussi un méchant succédant à un pair rempli de probité, pourra sans crainte se livrer au crime, dans l'espoir d'en être absous par des collègues bénévoles, qui attendront de lui le même service pour eux ou leurs enfants ; 3°. ceux qui ne prétendent point à la pairie veulent que leurs descendants y puissent prétendre.

(c) La noblesse semble contraire à l'égalité. Sous ce point de vue, elle de-

ditionnellement héréditaire, la première obtenue et la seconde con-
servée par le mérite (*voy.* paragraphe IV, *des honneurs et titres*).
Tout citoyen peut y prétendre.

34. L'une et l'autre se perdent par le crime constaté de trahison, ou
de rébellion, ou de lèze-majesté, non seulement pour tout individu cou-
pable de ce crime, mais encore pour ses descendants pendant un
siècle.

35. Des récompenses nationales seront décernées aux hommes qui
ont rendu quelque grand service au public ou à l'état.

36. La nation française proclame son indépendance, et la regarde
comme son bien le plus précieux.

37. Elle est amie de tous les peuples, et déclare hautement ne
pas vouloir s'immiscer dans leurs affaires ni permettre qu'ils s'immis-
cent dans les siennes.

38. Elle repoussera les aggressions hostiles de toutes ses forces, de
tous ses moyens, et ne posera les armes qu'après une juste satisfaction.

39. Elle déclare son territoire indivisible. Elle périrait toute plutôt
que d'en abandonner un seul village.

40. Elle se donne un gouvernement et des lois constitutives, pour
mieux défendre les droits et les principes ci-dessus, contre les ennemis
intérieurs et extérieurs.

Il propose et prend les mesures nécessaires à cet effet.

41. Tout citoyen de 18 à 60 ans se dévoue généreusement au
service de la patrie quand le besoin l'exige, pour le soutien de ce
gouvernement et de l'indépendance nationale.

42. La souveraineté réside dans le peuple; mais il la délègue au
chef du gouvernement, qui le représente tout entier.

43. La nation française modifie ou change sa constitution, excepté
le paragraphe V, dans une assemblée nationale en Champ-de-Mai,
convoquée suivant les articles 173, 174 et 175, quand l'autorité légis-

---

vrait être entièrement prohibée; mais si, pour mettre nos institutions en
rapport avec celles de nos voisins, nous la proposons telle que tous les individus puissent également y prétendre, elle excitera une heureuse, une
louable émulation, sans nuire à l'égalité.

lative décennale (paragraphe X) en exprime le vœu à trois époques différentes, séparées chacune par un intervalle de quatre ans au moins.

44. Jusque-là, la présente Constitution est inviolable. Quiconque y porte atteinte, encourt la peine capitale.

§. III. *Du gouvernement.*

45. Il se compose des éléments distincts qui constituent la nation française et y ont un pouvoir principal ; savoir :

D'un chef souverain ;

D'un vice-souverain, d'un grand-connétable et d'un grand-amiral ;

D'un haut corps d'état, divisé en une cour suprême et une cour sublime ;

D'un conseil privé et des ministres ;

D'un conseil d'état ;

Des corps administratifs ;

Des tribunaux de justice ;

De la force armée,

Et de la masse entière du peuple.

46. Le souverain est revêtu du pouvoir nécessaire pour donner à toutes ces parties du gouvernement, l'activité convenable, et leur conserver l'unité d'action.

47. Chacune d'elles a ses fonctions séparément déterminées, et est indépendante des autres comme partie de l'état.

Mais comme telles, toutes sont soumises à l'autorité seule du souverain, qui les surveille, dirige leurs opérations, et les fait tendre au même but, l'indépendance, le bonheur et la gloire de la nation.

Pour mieux atteindre ce but, elles entretiennent une bonne harmonie entr'elles, se rendent les égards convenables et se donnent un mutuel appui.

48. Des honneurs et titres éminents sont affectés aux places distinguées du gouvernement, et accordées aux divers citoyens qui les méritent.

§. IV. *Des honneurs et titres.*

49. Le chef du gouvernement a le nom et le titre d'*Empereur.*

Tous ses parents ont le titre de *princes du sang* ou *de la famille impériale.*

Le vice-souverain a celui d'*archi-prince*; le grand-connétable **et** le grand-amiral, celui de *haut-prince.*

5o. Les membres de la cour suprême ont le titre de *duc-pair*, et leur président celui de *prince*; les membres de la cour sublime celui de *comte*, et leur président celui de *duc-pair.*

(Les membres du conseil privé n'ont que les qualifications des autres places qu'ils occupent.)

Les membres du conseil d'état, *marquis.*

Le secrétaire-général, *comte*; le vice-secrétaire-général et les maîtres des requêtes, *barons*; les auditeurs, *chevaliers.*

5i. Les ministres sont titrés *ducs-pairs*. Les grands dignitaires de l'empire, de la couronne et de la maison impériale, *ducs.*

Les préfets, *comtes*; les sous-préfets et conseillers de préfecture, *barons*; le secrétaire-général, *chevalier.*

Les membres de la cour des comptes et de cassation, *barons*; leur président, *comte*; les conseillers, *chevaliers.*

Les juges des tribunaux criminels et civils, *barons*; leurs présidents et procureurs-généraux, *comtes*; les avocats-généraux et procureurs impériaux, *barons*. (On pourrait nommer les juges-de-paix *chevaliers.*)

Les membres des grandes administrations publiques, *chevaliers*; leurs présidents, *barons* (*a*).

Les maires des populations de 1000 ames et au-dessus, *chevaliers*; de 5ooo ames et au-dessus, *barons*; de 10,000 ames et au-dessus, *comtes*; de 5o,ooo et au-dessus *marquis*; de 1oo,ooo et au-dessus, *ducs.*

(*a*) On croira d'abord que ces dispositions et les suivantes vont donner un plus grand nombre de nobles qu'autrefois. Mais si l'on fait attention que dans un département, où fourmillaient jadis trois ou quatre mille nobles, il n'y en aurait, par cette constitution, qu'une cinquantaine ou soixantaine, et que dans l'armée, où tous les officiers étaient gentilshommes, les lieutenants et les sous-lieutenants ne le seraient pas, on cessera de le croire. D'ailleurs, presque tous ces nobles n'auraient que la noblesse à vie. (Voyez l'article 5y et la note *a*, page 14.)

(13)

52. Un généralissime est *prince héréditaire;* un général en chef, *prince à vie;* les maréchaux de France, *ducs-pairs* (l'Empereur peut leur conférer le titre de *prince à vie*); les lieutenants-généraux, *marquis;* les maréchaux-de-camps, *comtes;* les lieutenants-colonels et grades au-dessus, jusqu'à celui de maréchal-de-camp, *barons;* les capitaines, *chevaliers* (l'Empereur peut leur conférer par récompense des titres plus éminents).

53. Le souverain est qualifié de *majesté,* les princes d'*altesse;* les ministres, maréchaux de France et ducs-pairs, d'*excellence;* les autres nobles héréditaires de *gentilshommes.* Ils pourront faire précéder leur nom de l'article *de* (*voyez* encore les paragraphes IX et X).

54. Les individus qui dans ces places ou grades ont des titres plus élevés, les conservent.

55. L'Empereur peut les donner à tout citoyen qui s'en rend digne par son courage, ses talents et sa conduite.

56. Ces titres et la noblesse qu'ils confèrent, sont héréditaires dans la personne de l'Empereur, de ses parents, du généralissime, des ministres, du grand-connétable, du grand-amiral et des maréchaux de France nommés jusqu'en 1820. Après cette époque, ils ne seront plus héréditaires pour ces derniers.

57. Ils ne sont qu'à vie pour tous les autres dignitaires et fonctionnaires (*a*). Ils sont toutefois héréditaires pour ceux de 1815, commissionnés par l'Empereur.

58. Lorsqu'un fils et un petit-fils des nobles à vie (art. 57), remplit une des fonctions ou places qui ennoblissent, le petit-fils prend héréditairement le titre affecté à cette place ou fonction.

59. Les enfants d'un prince héréditaire ont le titre de prince; ceux d'un prince à vie, ont la qualification héréditaire de comte.

60. Ceux de tous nobles à vie, n'ont aucune qualification.

61. Ceux de tous nobles héréditaires ont le titre de chevaliers, l'aîné prend seul à la mort du père, le titre qu'il avait au-dessus de celui-là.

62. La noblesse héréditaire s'éteint pour le titulaire et ses enfants,

____

(*a*) Sans cette restriction, les nobles seraient trop nombreux, et leurs titres peu enviés.

par la condamnation de l'un d'eux, à une peine infâmante (à plus forte raison la noblesse à vie).

Elle s'éteint de même quand celui qui en jouit et ses devanciers, restent cent ans, sans occuper une des places qui la donnent (*a*).

63. Les commissions des nobles à vie, signées par l'Empereur pour les places qu'ils occupent, leur servent de titre.

64. Sur le vu de trois commissions présentées ou envoyées par un noble, pour lui, son père et son grand-père, le conseil des titres lui expédie sa charte de noblesse héréditaire, avec la qualification qu'il porte dans ce moment. Il l'expédie aux nobles de 1815, sur le vu de leur commission (art. 57).

65. Ce conseil juge toutes les contestations et difficultés sur cette matière, sauf l'appel à l'Empereur qui prononce définitivement.

66. Les ordres de la légion-d'honneur etc...... sont conservés pour récompenser le courage et le mérite.

67. L'Empereur seul en confère les décorations (elles donnent le titre de chevalier).

68. Il peut créer d'autres ordres suivant les circonstances, en provoquant une loi sur cet objet.

Il peut aussi par une loi, faire accorder comme récompense nationale, le titre de prince perpétuellement héréditaire, en dérogeant à la seconde partie de (l'art. 62).

§. V. *de l'Empereur.*

69. L'Empereur est le chef souverain de la nation.

70. Il doit être français et catholique romain (*b*).

(*a*) Ces deux dernières restrictions donneraient aux nobles à venir plus de probité, plus d'amour pour l'étude, et moins d'insouciance pour les emplois civils et militaires. Leur effet serait d'ailleurs de limiter le nombre des nobles, environ au triple des places qui ennobliraient, en comptant trois générations dans cent ans, et au quadruple, en y comptant quatre générations. On peut donc positivement assurer, par le calcul, que le nombre des nouveaux nobles serait toujours bien inférieur à celui des anciens.

(*b*) Parce que les dix-neuf vingtièmes de la population, pour ne pas dire davantage, sont dans cette religion. Notre état actuel surtout de civilisation exige que le gouvernement et les lois soient au gré de la majorité, sans quoi

71. Il jure à son couronnement, *amour au peuple, haine à la guerre, fidélité à la constitution.*

72. Cette dignité est héréditaire pour les enfants mâles seulement.

73. Elle est conférée à Napoléon Ier. et à ses descendants mâles en ligne directe.

74. Si l'Empereur a plusieurs fils, la couronne impériale appartient de droit, après sa mort, à l'aîné. (Le dernier né des jumeaux est l'aîné.)

75. Si ce dernier meurt sans enfants mâles, l'aîné des frères après lui en hérite.

76. Le fils aîné de l'Empereur a le titre de prince impérial, et chacun de ses frères celui de prince co-impérial.

Ces derniers perdent ce nom, quand leur aîné devenu Empereur a des enfants qui doivent le porter, et ils en prennent alors celui de grand prince.

77. Si l'Empereur n'a point d'enfants mâles vivants après lui, la couronne passe à son plus proche parent collatéral.

78. L'Empereur et les princes ses fils, ne peuvent point se marier avec une princesse étrangère (*a*).

Mais les princesses ses filles peuvent se marier avec des princes étrangers.

Les princes co-impériaux (art. 76), peuvent aussi contracter des alliances étrangères quand leur frère aîné a trois enfants mâles.

79. Comme chef de sa famille, l'Empereur établit un code particulier pour elle (il peut être secret ou public).

Sur un ordre exprès et formel de l'Empereur, un tribunal composé de quatre ou cinq membres de cette famille, juge les autres suivant ce code.

80. Le prince impérial ne monte sur le trône qu'à l'âge de 18 ans

---

il doit arriver tôt ou tard qu'elle les renverse. C'est un étrange aveuglément de penser et de vouloir précisément tout le contraire.

(*a*) La cause de cette prohibition tient aux reproches fondés ou non, que l'on fit à la malheureuse reine Marie-Antoinette, et au désagrément qu'éprouve l'empereur d'être séparé de son épouse et de son fils.

accomplis, époque ou finit sa minorité (*a*); il ne peut jusqu'à 25 ans, faire la guerre et la paix, sans le consentement par arrêt, de la cour suprême.

81. A la mort d'un Empereur, si l'héritier du trône est en minorité, le régent nommé par l'Empereur, ou à défaut par la cour suprême, parmi les princes de la famille ou du sang impérial, gouverne pour lui jusqu'à ce qu'il ait atteint sa 19me. année.

82. L'Empereur a le droit exclusif de faire la guerre et la paix.

Mais il en communique publiquement ou secrètement la raison, aux deux cours du haut-corps, qui peuvent lui faire des remontrances respectueuses.

83. Il sanctionne les lois, elles ne sont obligatoires qu'après sa sanction.

Il est seul chargé de les publier ensuite, et de les faire exécuter en son nom.

84. Les ordonnances qu'il rend pour leur exécution et pour toutes dispositions organiques, ont le nom de décrets.

85. Sa personne est inviolable.

Toute violence contre elle est punie de mort.

Tout attentat à sa vie et à sa liberté, ordonné, permis, ou exécuté par un corps quelconque de l'état, met de droit tous ses membres présents et consentants, en pleine destitution.

Il est défendu sous peine de mort, à toute autorité comme à tout particulier de les reconnaître et de leur obéir.

Ils sont par le fait, mis hors la loi, sans autre déclaration ni condamnation.

86. L'Empereur nomme ses ministres et les révoque à volonté.

87. Ils sont responsables des fautes graves qu'ils commettent, des ordres et mesures injustes qu'ils provoquent ou qu'ils exécutent, des opérations importantes qui leur sont confiées, et de l'emploi des

---

(*a*) L'histoire prouve les inconvénients d'une longue minorité; sans cet inconvénient, nous aurions proposé de l'étendre à vingt-cinq ans. Au surplus, les enfants des souverains ont l'intelligence précoce et formée de bonne heure, à cause du soin que l'on prend de la développer.

fonds assignés à leur département (*voyez* sur leur responsabilité les articles 101 et suivants).

§. VI. *Du vice-souverain, du grand-connétable et du grand-amiral.*

88. L'archi-prince est nommé par l'empereur, parmi les princes étrangers à sa famille et à son sang.

89. Il gouverne en l'absence de l'empereur, et préside pour lui tous les conseils.

90. Il le remplace partout où il en a l'ordre exprès.

91. Dans le cas d'une régence, il conserve le nom de vice-souverain, et remplace le régent partout où celui-ci l'ordonne, mais seulement dans l'enceinte de la capitale ou de sa résidence.

92. Il est alors spécialement chargé, pendant tout le temps de la régence, de veiller aux intérêts du mineur, surtout aux intérêts de sa couronne et de sa vie (a); il habite le palais affecté au mineur, choisit les gens de sa maison, ses gouverneurs et ses instituteurs, s'ils n'ont été déjà choisis par l'empereur de son vivant, et préside à son éducation.

93. Un prince de la famille ou du sang impérial est chargé par l'empereur, avant son décès, ou par la cour suprême, des mêmes soins envers les princes co-impériaux.

94. Si le vice-souverain s'aperçoit que le régent vise à dépouiller son mineur de l'autorité souveraine, il le dénonce à la cour suprême, qui, sur preuve suffisante, casse le régent, en nomme un autre, suivant l'article 81, et charge l'archi-prince de l'installer.

95. Dans un cas extraordinairement urgent, celui-ci a le droit de s'opposer aux ordres du régent, et même de le faire arrêter, sauf sa responsabilité et l'obligation où il est d'en rendre compte à la cour suprême, qui prononce entre les deux.

(a) Cette institution nouvelle est nécessaire pour protéger un mineur sans défense, contre les tentatives ambitieuses d'un régent tout puissant. Afin que cette protection ne risque pas d'être illusoire, nous avons mis le régent et le vice-souverain dans dés intérêts opposés, en proposant de les nommer, l'un parmi les parents du mineur, l'autre hors de sa famille, et en donnant à ce dernier une suffisante autorité.

96. Au contraire, quand l'archi-prince gouverne en l'absence de l'empereur, s'il fait quelque acte de haute-trahison, tout prince de la famille ou du sang impérial a le droit de le faire arrêter, sauf sa responsabilité vis-à-vis de l'empereur et de la cour suprême, qui en doit être de suite instruite, et qui nomme provisoirement à sa place (*a*).

97. Le grand-connétable et le grand-amiral sont nommés par l'empereur pour un temps déterminé, parmi les princes du sang autant que possible. Le premier s'occupe des affaires générales de l'armée; le second des affaires générales de la marine. L'un et l'autre proposent à l'empereur, sur l'avis des ministres, les grandes nominations et les grandes mesures.

§. VII. *Du conseil privé et des ministres.*

98. Le conseil privé est composé des ministres et d'autres personnages marquants, au choix de l'empereur.

99. Ce dernier le consulte sur les affaires d'état les plus importantes; il fait sur ce conseil les réglements publics ou secrets qui lui paraissent le plus convenables.

100. Chaque ministre dirige les affaires du département qui lui est confié.

101. Les ministres sont tous responsables, suivant l'article 87.

Sur l'avis d'une cour du haut corps, approuvé par l'autre, ils sont cités devant la cour suprême, qui en fait aussitôt prévenir l'empereur.

102. Si un ministre cité par cette cour n'y comparaît pas le lendemain, à l'heure assignée, elle ordonne une heure après son arrestation, suivant l'article 163.

S'il comparaît, les griefs dont on l'accuse lui sont communiqués par le président, ou sur son invitation par le secrétaire-général. Il se justifie de suite, ou indique pour le faire un jour dans huitaine, assisté, s'il le veut, par trois amis ou avocats.

(*a*) Ces diverses précautions sont utiles à garantir la tranquillité publique contre l'ambition des hommes qui, momentanément investis du pouvoir suprême, sont presque toujours tentés de se l'approprier, au préjudice du souverain légitime, et même du peuple, qui devient alors victime de leur querelle.

On lui donne copie des griefs.

Quatre membres de la cour sublime , présents à sa réponse, peuvent soutenir l'accusation , l'interroger et le réfuter. Le ministre accusé réplique le dernier.

Si le ministre est malade, il y a ajournement.

103. Deux jours après sa réponse justificative, la cour suprême décide s'il y a lieu à le mettre en justice , et au cas de l'affirmative renvoye au lendemain l'examen de sa décision.

Si elle y persiste, elle lance un *haut mandat d'arrêt* , que tous agents de l'autorité requis sont tenus d'exécuter de suite, sous peine de mort.

104. Tout ministre arrêté est traduit aussitôt devant le tribunal compétent qu'indique le *haut mandat*, et jugé sans retard suivant les formes ordinaires.

105. L'empereur s'interdit toute intervention dans le jugement; au cas contraire , le tribunal n'y peut avoir aucun égard.

106. Un ministre absous par jugement reprend les fonctions de son ministère.

107. Un ministre condamné subit la peine infligée, et ne reparaît plus dans aucun emploi public.

§. VIII. *Du conseil-d'état.*

108. Il est composé de trente-cinq membres au moins, divisés en sept sections, pour l'intérieur, l'extérieur, les finances, la guerre, la marine, la liberté individuelle et la liberté publique.

Un membre de chaque section en est le président.

Il y a au moins deux maîtres des requêtes et trois auditeurs par section.

109. Quand les sections sont réunies, le secrétaire-général du conseil, ou le vice-secrétaire-général rédige les procès-verbaux de séance.

110. Toutes ces places sont à la nomination de l'empereur.

111. Il ne nomme d'abord les conseillers-d'état que pour cinq ans; mais s'il les laisse en place après ce terme, ils y restent toute leur vie.

2..

112. Le conseil d'état est présidé par l'Empereur, ou par le vice-souverain, ou par un grand dignitaire délégué à cet effet.

L'Empereur le consulte sur les affaires de l'état. Il délibère sur chaque affaire proposée, et consigne dans un registre ses délibérations.

113. Sur l'ordre de l'Empereur, chaque section prépare les projets de lois et de décrets impériaux pour les soumettre à la discussion et délibération du conseil.

114. Tout décret impérial doit y avoir été soumis avant sa publication et son exécution.

115. Deux membres de chaque section sont nommés par l'Empereur, messagers d'état, pour présenter, expliquer, discuter et défendre dans le haut-corps les projets de loi qu'elle a rédigés.

HAUT-CORPS D'ÉTAT.

§. IX. *De la cour suprême (a).*

116. La cour suprême est composée de ducs-pairs à vie, qui représentent chacun un département.

117. A cet effet, les colléges electoraux d'arrondissement, réunis au chef-lieu de chaque département, élisent deux candidats, sur lesquels l'Empereur choisit le duc-pair.

118. Cette cour se compose encore d'un pareil nombre d'autres ducs-pairs à vie, nommés par l'Empereur sans le concours des colléges électoraux, et par lui affectés chacun à représenter un département en particulier.

119. L'Empereur choisit parmi tous les ducs-pairs leur président à vie, leur vice-président pour cinq ans, leur secrétaire et vice-secrétaire-général à vie.

120. Leur honoraire annuel est de 20,000 fr. jusqu'en 1820, et de 40,000 fr. à compter de 1820. Celui du vice-président et du secré-

---

(a) Le mot de *chambres* ne nous a point semblé propre à désigner avec dignité les deux premiers corps de l'état. Il est d'ailleurs pris des institutions anglaises, et notre langue serait bien pauvre si elle ne nous fournissait pas de plus nobles dénominations.

taire-général est doublé, celui du président triple, celui du vice-secré-taire moitié en sus.

121. Ils ont tous le titre de suprême pair, ou de duc-pair, ou de duc suprême, et peuvent se donner dans l'assemblée celui de su-prême membre.

Le président est qualifié de *suprématie* au lieu d'*excellence*.

122. A la mort d'un duc-pair nommé par un collége électoral, le préfet de son département, prévenu par le secrétaire-général de la cour, charge ce collége de le remplacer.

123. Les membres de la cour suprême sont divisés en sept sec-tions à peu près égales, pour l'intérieur, l'extérieur, les finances, la guerre, la marine, la liberté individuelle et la liberté publique.

Leur vacance annuelle est de six mois au plus. Cinq membres de chaque section, dont le plus âgé est président et le plus jeune secré-taire, restent à tour de rôle en permanence, pour lancer les arrêts d'urgence (*voy.* l'art. suivant) que le gouvernement provoque.

124. Outre les attributions que leur donnent les paragraphes V, VI, VII et XI, ils lancent, dans les cas extraordinaires, des arrêts d'urgence *exécutoires* de suite, soit pour soutenir le gouvernement menacé, soit pour maintenir ou rétablir la tranquillité publique trou-blée, soit pour sauver la constitution en danger, pendant la vacance de la cour sublime.

125. Après le décès d'un empereur, la cour suprême est de droit tutrice de sa couronne et de ses enfants.

Deux de ses membres, à tour de rôle, vont les visiter tous les jours, l'un le matin, l'autre le soir, et s'assurent si l'on prend d'eux tous les soins que nécessitent leur âge, leur position et leur rang.

126. Elle veille surtout à la conservation et à l'instruction du prince impérial (art. 94 et 125).

127. Elle lance dans tous ces cas et autres, surtout dans ceux des art. 94, 96 et 105, les arrêts d'urgence nécessaires.

§. X.

128. La cour sublime se compose d'autant de députés que les divers départements ont le droit d'envoyer à la deuxième chambre.

Ils seront immédiatement nommés par les colléges électoraux, réunis dans chaque chef-lieu de département. Les nominations faites en mai 1815 sont maintenues. Elles seront renouvelées en mai 1825, 1835, 1845, etc.

129. L'Empereur peut ordonner en 1825 ou plus tard, que leur nombre soit réduit à quatre pour les départements de la Seine, du Rhône, des Bouches-du-Rhône, de la Gironde..... Et à deux pour tous les autres départements.

130. Les députés à la cour sublime sont nommés pour dix ans.

Trois mois avant l'expiration de ce temps, les colléges électoraux procèdent aux nouvelles nominations.

131. Ils sont divisés en sept sections, comme les membres de la cour suprême.

132. Leur honoraire annuel est de 15,000 fr. jusqu'en 1820, et ensuite de 25,000.

Celui du président est le quadruple de cette somme ; celui du vice-président et du secrétaire-général le triple, et celui du vice-secrétaire le double.

133. Le président et le secrétaire-général sont seuls nommés à vie par l'Empereur, parmi les membres de la cour sublime.

Le vice-président et le vice-secrétaire sont nommés par leurs collégues, d'abord pour un an, et ensuite pour neuf ans.

134. Ces députés peuvent être indéfiniment réélus.

135. Ils ont tous, pendant dix ans, le titre de *sublime comte* ou de *comte sublime*, et peuvent se donner réciproquement dans l'assemblée celui de *sublime membre*. Après les dix ans, ils conservent celui de *comte* (art. 50).

Le président a celui de *sublimité*, au lieu d'*excellence* (a).

136. Les sessions de la cour sublime ne durent ordinairement que trois ou quatre mois.

(a) On ne saurait accorder trop d'honneurs aux députés et aux représentants d'un grand peuple, afin qu'ils sentent l'importance de leurs fonctions, qu'ils ne courbent point mal à-propos la tête devant l'autorité supérieure, et qu'ils soient respectés par toutes les classes des citoyens.

Cinq membres de chaque section restent en permanence à tour de rôle ou à volonté, et ont moitié en sus de leur honoraire.

§. XI. *Attributions et dispositions communes aux deux cours du haut-corps.*

137. Elles s'assemblent de droit l'une et l'autre le 1ᵉʳ. novembre de chaque année.

138. L'Empereur peut les convoquer extraordinairement à d'autres époques, et les proroger ou suspendre pour un temps limité, sans priver dans aucun cas les membres de leur honoraire.

139. Il désigne le lieu de leurs séances dans la capitale; mais dans un danger imminent, ces cours peuvent le choisir et le désigner dans une autre et même ville, si elles en prennent toutes deux le même jour la délibération.

140. Elles veillent à la conservation de la Constitution, dont le dépôt est confié à leur honneur et à la vigilance de tous les citoyens.

141. En entrant en fonctions, leurs membres jurent de défendre, au péril de leur vie, la Constitution et les droits du peuple comme ceux du trône.

142. Les deux cours délibèrent à huis ouvert ou clos, à la majorité absolue des suffrages.

143. Elles reçoivent, discutent et adoptent ou rejettent publiquement les projets de lois.

Mais dans l'intervalle elles peuvent momentanément se mettre à huis clos, sur la demande de dix membres.

144. En cas de tumulte ou de turbulence des auditeurs, le président suspend la séance, et s'ils continuent, les somme de se retirer.

145. Un ou deux messagers du conseil d'état présentent les projets de lois à la cour sublime (art. 115).

146. L'adoption votée ou rejetée à cette cour, est soumise à la cour suprême, par les mêmes messagers et par un ou deux autres nommés tous les ans dans chaque section de la cour sublime.

147. Un projet de loi rejeté par cette cour et adopté par la cour suprême, est représenté à la cour sublime par les mêmes messagers, et par un ou deux autres nommés tous les cinq ans dans chaque section de la cour suprême.

D'après leurs observations, la cour sublime peut revenir sur son *rejet*, et adopter la loi.

148. Un projet de loi rejeté par une seulement des deux cours, peut être reproduit l'année suivante.

Mais s'il est rejeté par les deux cours, il ne peut leur être représenté qu'après cinq ans.

Tout projet rejeté trois fois par les deux cours, n'y sera plus reproduit (*a*).

149. La loi annuelle sur les impôts est soumise de bonne heure aux deux cours, suivant les art. 144, 145, 146 et 147.

150. Si elle est rejetée par une d'elles ou par les deux, et si le conseil d'état n'est pas à temps d'en proposer une autre, les impôts sont perçus comme l'une des cinq années précédentes désignée par la cour suprême, sur deux choisies par l'Empereur.

151. Le compte général détaillé de chaque ministère pour toutes ses dépenses et recettes, est imprimé au bout de l'an dans le bulletin des lois, et soumis à l'examen des deux cours.

152. Chacune d'elles peut provoquer des projets de lois, en envoyant auprès de l'Empereur le président ou vice-président, avec deux messagers de la section compétente, qui en font la demande et en expliquent les motifs.

Un tel projet rejeté par l'Empereur, n'est reproduit que l'année suivante ; et rejeté trois fois, n'est reproduit qu'après dix ans.

153. Si à cette époque il est encore rejeté, la cour qui l'a provoqué en fait la rédaction, et l'envoie par deux messagers au conseil d'état, qui leur en fait donner un reçu par le secrétaire-général, et le renvoie à cette cour par deux messagers d'état chargés de lui faire ses observations.

(*a*) Il faut quinze ans au moins pour qu'il soit rejeté trois fois par les deux cours ; il aura donc subi l'épreuve de deux législatures décennales. Or, s'il est constamment rejeté par la cour suprême et par la cour sublime de deux législatures, on pourra bien regarder comme certain qu'il ne peut convenir. Néanmoins, au cas que le gouvernement persistât à croire qu'il est utile, il en changerait la forme et le fond en partie, pour le reproduire à la troisième législature.

154. Au bout de huit jours, si les messagers d'état n'ont pas présenté ces observations à la cour, elle passe outre, délibère une seconde fois sur son projet, et au cas qu'elle l'adopte définitivement, le transmet à l'autre cour par deux messagers (*a*).

Le projet étant adopté par celle-ci, est présenté par deux messagers de chaque cour et par les deux présidents ou vice-présidents à l'Empereur, qui est supplié de lui donner sa sanction, et ne peut la refuser (*b*).

155. Les messagers de chaque cour ont double honoraire.

156. Dans chaque cour, la section de la liberté individuelle, qui est celle aussi des droits individuels, reçoit les pétitions où l'on se plaint de leur lésion.

Elle accorde une attention particulière à celle des individus arrêtés ou de leurs parents et amis.

Quand il y a lieu, elle appuie et apostille la pétition, ou même réclame que justice y soit faite par l'organe de ses messagers.

157. Si leur démarche est infructueuse pour tout autre objet qu'une arrestation, ils en font part à la cour, qui prend dans sa sagesse les mesures les plus convenables.

Si c'est pour une arrestation, elle peut demander à l'Empereur l'élargissement du prisonnier, par une députation que préside un messager.

158. Quand l'Empereur n'acquiesce point à cette demande, la cour qui l'a faite peut en instruire l'autre par l'organe d'un ou deux messagers, qui donnent les explications nécessaires.

Cette dernière, après les renseignements pris par sa propre section de la liberté individuelle, a le droit d'ordonner au nom de la nation, par un *arrêt de délivrance*, la liberté du détenu, nonobstant toute

---

(*a*) On pourrait appeler messagers suprêmes ceux de la cour suprême, et sublimes ceux de l'autre cour, pour les distinguer des messagers d'état.

(*b*) Ceci est fondé sur les raisons exposées dans la note de la page 24. Malgré tout le pouvoir dont il convient d'investir le souverain, on ne doit pas ôter aux représentants celui de rendre une loi constamment reconnue nécessaire. Ils connaissent les besoins, les désirs et la position du peuple, mieux que le monarque, trop souvent aveuglé là-dessus par ses favoris.

3

opposition. Les fonctionnaires civils et militaires qui refuseraient d'exécuter cet arrêt seraient, par le fait, mis hors la loi.

Cet arrêt ne peut être rendu, ou reste sans effet, lorsque le prisonnier est entre les mains de la justice réglée.

159. Dans chaque cour, la section de la liberté publique prend,
reçoit et recueille avec soin, tous renseignements sur les atteintes qu'on
se permettrait de porter à la constitution et aux lois.

160. Si par la nature de ces atteintes et le peu de crédit des délin-
quants, il n'y a pas de péril pour la chose publique, la cour se con-
tente d'en provoquer la répression ou la punition, par un message à
l'empereur.

161. Mais si dans l'un ou l'autre cas, elle juge qu'il y a du péril,
elle en prévient en même temps l'autre cour, par un message.

Si cette dernière le juge aussi, la cour suprême lance un arrêt de
péril, qui déclare la patrie (ou la constitution) en danger, et prescrit
les mesures à prendre pour la sauver, après s'en être entendue avec la
cour suprême.

Celle-ci admet ou n'admet point l'arrêt du péril ; quand elle l'admet,
elle le communique à l'empereur, ou à défaut aux fonctionnaires compétents, qui en font exécuter sans délai toutes les dispositions.

162. La salle où est assemblée chaque cour, est inviolable. Nul ne
peut, sous peine de mort, y introduire la force armée, sans une ré-
quisition signée de dix membres, du président ou vice-président, et
du secrétaire.

163. Les membres des deux cours ne peuvent y être arrêtés sous
aucun prétexte, pendant les séances.

164. Leur arrestation hors des séances, est dans vingt-quatre heures,
sous peine de nullité, signifiée par exploit valable au président, qui
en avise la cour.

§. XII. *Des corps administratifs.*

165. Les préfectures, sous-préfectures et autres corps administratifs sont conservés sur le même pied qu'en 1813 , et suivant les
lois d......

L'empereur nomme à toutes les places, excepté celles qui sont réservées au peuple par le paragraphe suivant (*a*).

§. XIII. *Des tribunaux de justice.*

166. *Idem.* Sauf la réduction des juges et conseillers en la cour de
cassation et des comptes.

167. L'empereur nomme tous les membres de ces deux cours.

Il nomme également le président des tribunaux civils et criminels,
parmi les juges que le peuple affecte à chaque tribunal, et leur procu-
reur-impérial parmi tous les citoyens, à son libre choix.

§. XIV. *De la force armée.*

168. La force armée ne délibère point ; l'empereur la commande ou
fait commander.

Elle est essentiellement obéissante, et n'agit qu'en vertu des ordres
donnés ou transmis à ceux qui la commandent.

L'empereur nomme à tous les grades d'officiers supérieurs et infé-
rieurs ; il en accorde un tiers au moins à l'ancienneté.

§. XV. *De la masse entière du peuple.*

169. Le peuple exerce sa souveraineté et la part qu'il a au gouvernement, dans les assemblées primaires et les colléges électoraux.

170. Les assemblées primaires nomment chacune pour neuf ans
les maires, les autres membres du corps municipal, les juges de paix,
et deux membres de leur collége électoral d'arrondissement.

Les maires et les juges de paix réélus sont à vie ; ceux qui ne sont
pas réélus perdent le titre accordé par le paragraphe IV.

171. Les membres d'un collége électoral d'arrondissement élisent
parmi eux, pour un an d'abord, et ensuite pour huit ans, leurs président, vice-président, secrétaire et vice-secrétaire, ainsi que trois scru-
tateurs et cinq membres du collége électoral de département.

____

(*a*) Si l'on veut dans ces places des hommes instruits et vertueux, il faut
en laisser le choix au peuple, qui les voit de près et les connaît ; non au souverain, qui, dans sa capitale éloignée de leur demeure, est presque toujours
trompé sur leur compte par de continuelles intrigues. Il n'a aucunement besoin de ces nominations pour affermir son autorité ; sa bonne conduite, la
loyauté des Français, leur attachement au prince et leur respect pour les
lois, l'affermiront mieux que tout autre moyen.

172. Ce dernier collége forme de même son bureau , et nomme les juges , tant criminels que civils , les conseillers de préfecture et les membres du conseil-général du département (a).

173. Les colléges d'arrondissement se réunissent, et forment le collége électoral général du département, pour nommer ses représentants dans le haut corps de l'état et dans l'assemblée nationale, mentionnée aux articles 43 et 174.

174. Si la famille régnante vient à s'éteindre, ce que Dieu ne veuille, le peuple reprend sa souveraineté.

Dans ce cas, le vice-souverain convoque de suite , par une lettre aux préfets et aux présidents des colléges électoraux , une assemblée nationale , composée de huit députés pour chaque département désigné dans l'article 139, et de quatre pour chaque autre département.

175. Si le vice-souverain néglige de convoquer cette assemblée , la cour suprême y pourvoit par un arrêt extraordinaire.

176. L'assemblée nationale fait l'élection du nouvel empereur, parmi les citoyens nés en France d'un père français.

177. Elle a le droit de révision sur toutes les lois organiques fondamentales et constitutionnelles.

Elle peut casser et dissoudre les deux cours du haut corps, mais seulement sur la demande motivée de l'empereur, qui en fait de suite nommer les nouveaux membres. L'assemblée nationale ne se dissout que lorsque les deux nouvelles cours ont tenu leur première séance. L'empereur a le droit de la convoquer dans un cas extraordinaire.

178. L'empereur ne peut refuser la sanction ni l'exécution des lois qu'elle rend.

179. Tous les articles des lois et constitutions contraires aux présents restent abrogés; les autres sont maintenus. (On peut réunir ici, à leur place convenable, ceux de ces derniers articles qui forment le complément de cette constitution, et qu'il eût été trop long de rapporter.)

FIN

(a) Ces derniers ne doivent pas être au choix de l'empereur, parce qu'il ne nomme que sur la présentation du préfet, qui peut ne lui proposer que des hommes à sa manche , pour favoriser et couvrir ses injustices et ses dilapidations.

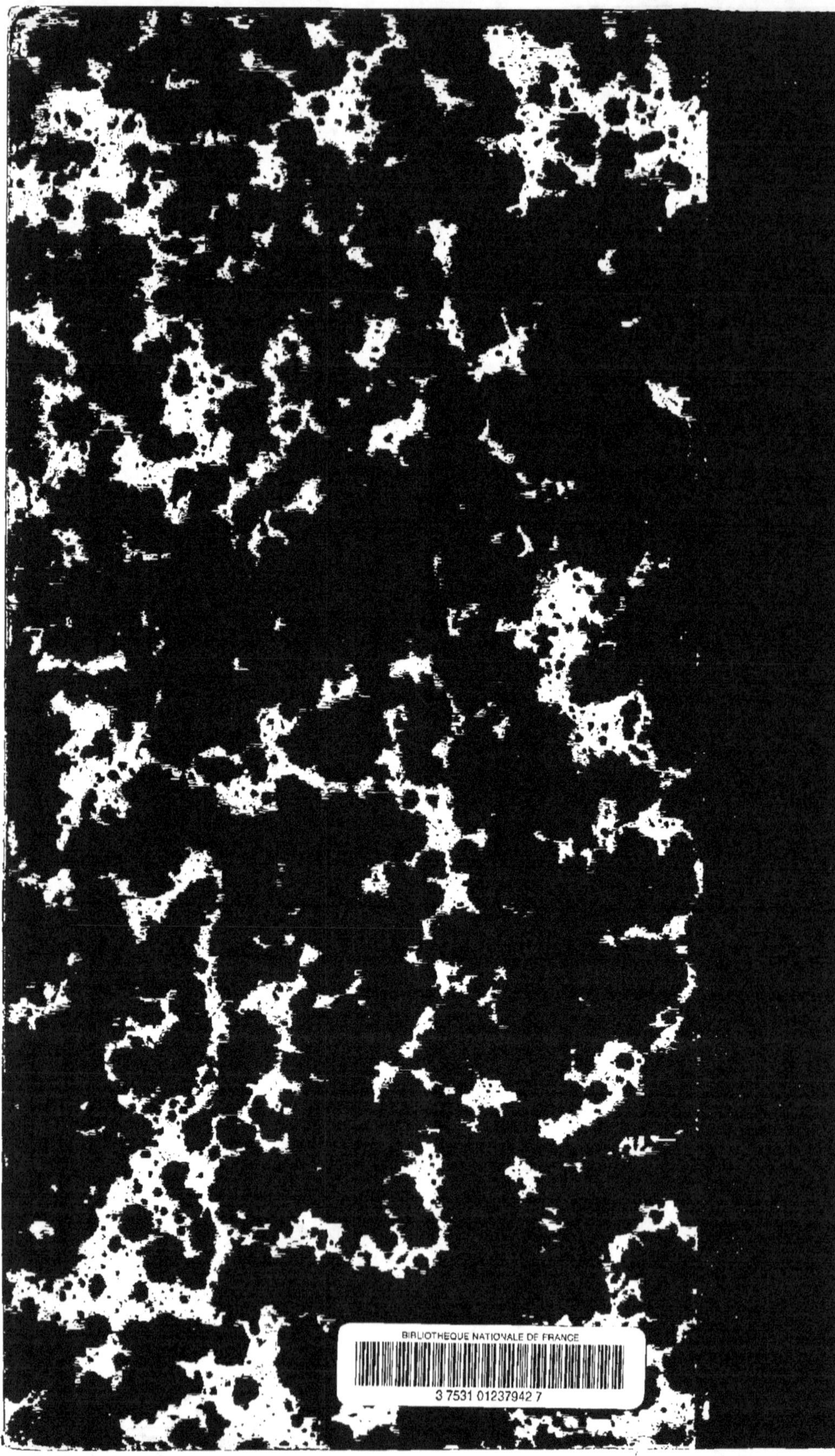

www.ingramcontent.com/pod-product-compliance
Lightning Source LLC
Chambersburg PA
CBHW061730060726
47597CB00006B/2663